IDÉES D'UN ALLEMAND

Sur les Rapports extérieurs de la République française, adressées au Peuple français et à ses Représentans.

L'auteur de ces feuilles (qu'il a écrites au commencement de l'année passée) possède trop peu le français, pour exposer avec agrément les vérités qu'il traite.

L'on sait d'ailleurs qu'il a fallu en Allemagne, une terminologie nouvelle pour la philosophie du célèbre KANT, que professe l'auteur; il en est résulté pour celui-ci un surcroit de difficultés à s'exprimer dans notre langue.

Mais les Français républicains n'évalueront plus l'homme par sa robe, ni les vérités par le style; et celui qui aime à méditer, trouvera bientôt que la peine qu'il aura mise à peser le contenu de ce petit traité, aura porté son fruit.

Dr. WEDEKIND.

Ex-membre de la Convention
Rheno-germanique.

DE toutes les matières qui ne sont pas générales, mais où il s'agit de faire l'application des principes aux faits, l'histoire en a peu fournis dont la discussion méritât autant toute l'attention possible, que celle des rapports extérieurs de la République française.

Cependant elle ne me parait pas avoir été suffisamment approfondie. C'est le devoir de chaque homme, de publier tant qu'il peut des vérités intéressantes dont il est convaincu ; surtout quand elles ne lui paraissent pas encore assez connues.

Quand un devoir si impérieux commande, ce serait lâcheté de consulter ses forces : j'entreprens donc de traiter cette matière, quoique convaincu de ne pas lui suffire.

J'avertis, préliminairement que dans toute cette discussion je parlerai toujours en premier lieu de la Justice, et que je lui subordonnerai toujours la Politique ; celle-ci ne devant être que la meilleure manière d'exécution de la Justice : quoique je n'ignore pas qu'elle est ordinairement la science de toutes les modifications de la Justice, exigées par la pusillanimité ou l'égoïsme.

C'est le résultat de ce que je rejette le Bonheur comme principe de nos actions : car je prétens que la destinée de l'humanité est l'habitude de la Moralité (la vertu), et non pas ce qu'on nomme vulgairement le Bonheur ; et que

A

le devoir de l'homme est de suivre la Moralité et non pas de chercher le Bonheur.

Quand pour parvenir à la certitude, et pour nous convaincre des vérités que nous sentons, nous remontons jusqu'au sentiment de nous-mêmes, et dès que nous avons dégagé ce sentiment de toutes les modifications accidentelles, nous trouvons que la substance de l'homme, qui consiste dans le sentiment essentiel de nous-mêmes, est une tendance vers l'infinité; tendance qui n'est pas infinie, mais bornée. Quand nous réfléchissons sur ce fait de notre sentiment, nous trouvons que c'est uniquement par cette construction de notre être, qu'il nous est possible d'avoir la réflexion, des idées, des notions, ce que nous appellons la raison et même le sentiment de notre être. Si l'homme était un être infini, il serait tout, et par-là même il n'aurait pas le sentiment de soi-même: par contre s'il était absolument borné, il ne serait point d'être, il serait une négation: et si sa tendance était bornée de façon, qu'elle ne passât pas ses bornes et ne tachât pas de les étendre, il ne pourrait pas avoir le sentiment de soi-même: sentiment, qui exige qu'il y ait encore une activité, après l'interruption de l'activité, puisque nous sentons que nous sommes bornés. Nous ne pouvons donc concevoir le sentiment de nous mêmes, le dernier et le suprême fait de notre existence, qu'en admettant en nous une tendance vers l'infini, laquelle a des bornes, mais qui n'a aucunes bórnes fixes, et qui n'en admet aucunes, puisque sans cela il y aurait un point où nous cesserions de tendre. Cependant la réflexion nous prouve que nous sommes bornés, et qu'il faut toujours que nous le soyons. Cette réunion de l'infini et du borné ne peut donc s'opérer d'autre manière, qu'ainsi que la tendance admet des bornes, mais aucunes bornes fixes, qu'elle tend à les annuller, mais qu'elle ne les annulle pas en effet. Cette réunion s'annonce par l'idée du Devoir. On la peut aussi rappeller au sentiment par divers faits qui s'y trouvent: tels que celui d'une indigence qui résulte de ce que notre tendance n'est pas satisfaite; l'impatience qui nous pousse au-delà des bornes que nous sentons; l'idée de quelque chose qui n'existe pas, ou que quelque chose pourrait être autrement, ou devroit l'être; enfin l'insuffisance de notre esprit de se penser un état infini, ou un état borné; et l'insuffisance de la langue de les exprimer: car les mots d'infini et de borné n'expriment pas un état absolument tel; ils tentent en vain de faire cette séparation. Tout cela ne serait pas possible, si l'homme n'avait pas la tendance d'étendre ses bornes vers l'infinité; car sans cela il passerait aussi peu ses bornes qu'une machine passe l'impression qu'elle a reçue: il ne sentirait ni son être, ni ne serait en état de réfléchir. Cette tendance est ainsi le caractère substantiel de l'homme.

Quand l'homme réfléchit sur ses bornes, il

s'oppose comme ses bornes naturelles, l'organe de son esprit, son corps, et les objets qu'il apprend à connaître par l'impression de son corps ; que je nommerai collectivement la Nature, puisqu'ils sont également sujets au mécanisme, sauf à excepter les êtres libres, qu'il apprendra premièrement à distinguer de la Nature. Dans ses bornes il trouve le caractère de la variété, comme dans sa tendance celui de l'unité : il tend ainsi à leur empreindre ce caractère et à les soumettre à cette forme de sa tendance. Cette détermination de la tendance est une suite de sa réflexion, qui est produite par le sentiment de notre tendance bornée et de notre activité arrêtée, et, pour ainsi dire réfléchie vers son issue ; d'où elle a le nom de réflexion. Elle est donc un produit de notre tendance, mais elle en est aussi indépendante ; elle est notre tendance originaire, nous pouvons réfléchir de ce que les bornes ne doivent pas être ; et aussi ne pas réfléchir ; voilà ce qui est notre liberté primitive. Nous sommes libres de réfléchir, par-là libres de trouver nécessaire l'annullation de nos bornes, et libres de suivre la loi de notre être, l'approximation à l'infinité, ou notre devoir. L'homme peut ainsi renier son être jusqu'à un certain point, il peut vouloir quelque chose d'autre que ce que sa loi ordonne : et c'est dans cela que consiste sa Liberté suprême, qui l'élève au point, qu'il devient maître de sa destinée. Quand sa liberté suit sa loi, elle est morale. La moralité ou l'obéissance volontaire

à l'unité est ainsi sa destinée, et sa liberté est
la condition de sa moralité : tellement que si
l'homme perd par la dépendance le sentiment
de sa liberté, il n'est plus un être moral, mais
en état d'abrutissement.

L'homme tend à l'infinité : ce passage d'un
être borné à un être infini est inconcevable et
impossible ; ainsi sa destinée ne peut jamais
être remplie ; elle est une progression infinie,
et son activité est éternelle. C'est donc con-
tredire à son être que d'admettre quelque terme
de son activité ou quelque contentement de
son désir insatiable. Mais qu'est-ce que le bonheur ? Si l'on dit que c'est un contentement
parfait de tous ses désirs raisonnables, on
conviendra qu'il ne peut jamais l'atteindre,
aussi peu que l'infinité : sa tendance éternelle
ne peut jamais être contentée ; le moment du
contentement finirait son activité et par conséquent son existence. Ce ne sont que les désirs brutaux du corps qu'on peut espérer de
contenter, puis qu'ils sont bornés et sujets au
mécanisme : c'est aussi ce que la plupart des
hommes appellent le bonheur et le but de l'existence. Mais honte et opprobre à l'homme qui
se choisirait un tel but, et qui renierait sa nature au point d'oublier son existence divine !
Les épicuriens peuvent trouver le contentement,
le bonheur ; mais c'est en sacrifiant leur être,
à son organe qui n'existe que mécaniquement.
Tout ce qui suit une impulsion extérieure, d'a-
près la loi de l'effet et de la cause, est méca-

nisme, et directement opposé à la liberté, à cette tendance qui ne suit aucune impulsion, qui, indépendante de la nature et de la réflexion même sur sa propre forme, se détermine de soi même, et qu'on ne peut penser que comme cause ; tandis que l'autre n'est qu'une chaine successive d'effets qui ne montrent aucune cause. S'il était possible, ces hommes soumettraient leur liberté au mécanisme, en la subordonnant à leur sensualité sujette à son tour à la nature, et suivraient la direction inverse de celle de leur tendance.

Comme les bornes sont opposées à la tendance, il peut arriver qu'on se soumette à elles, mais c'est détruire son être. La sensualité doit absolument être soumise à la forme de la tendance, elle ne doit être regardée que comme son organe, ou le moyen de rapport avec la nature.

On ne peut donc admettre aucune autre destinée de l'homme que de modifier la nature d'après les idées de sa raison, et de poursuivre sans discontinuité l'idéal de sa raison, qui est infinité; et aucune autre loi, que celle d'accomplir cette destinée, par la moralité de sa volonté.

Jusqu'à ce point de notre discussion, l'activité de l'homme ne reconnait encore aucunes bornes : mais son sentiment et la faculté de son esprit de se représenter des objets, l'instruisent que des êtres tels que lui, avec la même liberté, la même loi de la progression vers l'infinité, existent hors de lui. S'il voulait aussi mettre leur activité sous sa disposition, il les priverait de l'exercice de leur liberté et il les rendrait dépendans. Comme ils auraient le même droit, ils le rendraient dépendant à leur tour : et il y aurait un conflit entre des êtres avec la même loi et le même but. Ainsi, selon la loi de sa raison, l'homme veut produire l'harmonie : il regarde la liberté des autres comme la sienne, il respecte son exercice et reconnait leur indépendance, de même qu'il exige d'eux qu'ils respectent l'exercice de la sienne. Cette loi de la raison est la justice : et les rapports qu'elle détermine produisent des droits et de nouveaux devoirs. Chacun a le devoir de respecter l'exercice de la liberté des autres ; et il a le droit d'exiger que les autres bornent leur exercice d'après son indépendance. La justice étant l'application de la forme de la tendance, détermine donc immuablement tous les rapports entre les hommes, soit qu'ils soient épars comme individus, soit qu'ils forment des sociétés. Aucun rapport imaginable ne peut faire exception à la loi de la justice ; et si ce rapport ne peut pas co-exister avec elle, il faut le sacrifier.

Mais ne se trouve-t'il pas un nouveau problème pour l'homme ? Il trouve hors de soi des êtres qui ont la même tendance vers l'infini : si ce but pouvait être atteint par chacun, il ne le serait par aucun, puisque l'infinité est unité et non pas pluralité. Voilà donc encore l'infinité exigée et soumise à des bornes éternelles. Comment avonsnous résolu la première contradiction que nous trouvâmes entre notre tendance vers l'infini et ses bornes? En mettant l'infini et l'abolition des bornes pour but, en le posant pour ce qui doit être. De même, ici, la réunion s'opère en mettant la réunion des esprits, l'accomplissement de l'infinité pour but, pour ce qui doit être. Voilà l'homme arraché de l'individualité, il est élancé hors de ses bornes, et le genre, le tout devient l'objet de son but. La loi de son activité existe, et modifie la nature d'après le but du genre humain, d'après l'universalité; l'homme subordonne son existence à l'unité générale, au bien universel. Au lieu qu'il n'avait que le devoir de ne pas offenser la liberté des autres, il reçoit le devoir positif de concourir au bien général. Ce but étant celui que sa raison reconnait pour le suprême, la justice particulière en reçoit cette modification, que l'homme ne respecte l'exercice de la liberté des autres, que tant qu'il n'est pas contraire à la progression du genre. On a nommé dans nos temps cette justice universelle cosmopolitanisme : comme si c'était quelque produit stérile et chimérique d'une spéculation oisive. Et cependant ce n'est que cette loi qui rende morale la volonté de l'homme, qui ne se trouve plus dans l'état isolé dans lequel nous l'avons considéré d'abord.

La moralité devant donc être sans exception la norme de nos actions, tout autre motif de notre volonté et toute autre considération ne

peuvent être admises. Il faut tout lui subordon-
ner. La sensualité ne doit être cultivée que pour
la conserver et perfectionner, dans la qualité
d'organe de notre existence morale, et pour la
mettre autant qu'il est possible en harmonie
avec notre esprit. Comme j'ai prouvé que la
moralité est la seule directrice de nos actions,
la politique qui concerne la meilleure application de la justice, lui doit être subordonnée.
De même je crois avoir prouvé que le bonheur
ne peut être ni but, ni loi.

S'il m'est permis d'ajouter quelque résultat
d'expérience ; l'on sait que celle de tous les
temps prouve que les prudens, qui ont toujours
demandé premièrement ce qu'exigeaient la politique et le bonheur, se sont perdus dans des
labyrinthes inextricables et dans des principes
contradictoires et destructeurs, et qu'ils ont
cherché envain le bonheur, lorsqu'ils n'ont pas
voulu se contenter des prétentions animales.
C'est fort naturel, puisque premièrement il n'y
a rien de vrai et d'immuable que la raison et
les principes de la justice, et que secondement
l'homme n'a pu s'approcher de l'harmonie avec
soi-même que par cette voie, et uniquement par
celle de l'harmonie avec la nature, puisque celle-
ci étant, d'après sagesse, formée à correspondre
aux buts raisonnables de l'homme, ce n'est qu'en
agissant selon ceux-ci, que nous pouvons espérer qu'elle soit en harmonie avec notre
volonté ; ce qui fait le bonheur extérieur.
Aussi n'a-t-on vu que les peuples vertueux et

justes heureux; ou bien dans un bonheur imaginaire, ceux qui n'y ont aspiré que par des prétentions animales. Que le bonheur ne doit suivre que la justice, cela est si clair que je n'en parlerai pas.

J'ai mis en avant ces principes, pour avertir ceux qui se sont irrévocablement décidés à suivre comme principes la politique, la prudence, et surtout, ce qu'ils disent le bonheur du peuple, qu'ils ne se donnent pas la peine de continuer leur lecture, puisque différens dans ce point, ils ne conviendront avec moi d'aucuns. Si j'avais lieu de croire que les gens de cette sorte fissent la majorité de ceux qui se trouvent à la tête des affaires en France, je me serais gardé de faire cette adresse, puisque ce serait une folie de parler de principes à des hommes pervers, et de vouloir convaincre des hypocrites qui haïssent la vérité, puisque par sa nature elle est contraire à leurs desseins et à leur intérêt animal. Mais je me flatte plutôt que les fruits principaux de la révolution et de la liberté, cet amour brûlant de la vérité et ce noble desintéressement, vivent encore dans les coeurs des Français; ces sentimens qui ont déjà fait trembler les tyrans, et qui ont centuplé les espérances de l'ami de l'humanité, désespéré à la vue d'un monde d'égoistes.

Mais faisons l'application de nos principes. De tous les peuples, les Français sont les premiers reveillés de l'engourdissement de l'esclavage. Il y a bien encore un peuple qui a de la liberté et qui suit les principes ; mais il est entouré de déserts et de mers, et il ne parait s'occuper que de soi-même. Tout le reste de l'univers a perdu même jusqu'au sentiment de sa liberté pour tous les rapports envers les hommes et l'humanité en général. La crainte a remplacé la justice, et l'obéissance la liberté. Ce n'est que la plus petite partie des opprimés qui a conservé sa liberté, quoiqu'elle en a perdu l'exercice ; son sentiment s'oppose à la servitude et sa volonté à la force. Mais combien de temps ces ames généreuses pourront-elles encore conserver leur noblesse dans les fers et lutter contre l'habitude. L'exercice de la liberté reproduit une volonté plus libre, au lieu que l'oppression la rétrécit toujours davantage. Mais si même ils ne succombaient pas à ce danger, leurs droits les plus sacrés ne sont-ils pas violés, ne sont-ils pas privés de l'exercice de leur liberté? La modification de la nature, qui ne devait être bornée que par la liberté des autres, n'est-elle pas soumise à une oppression entière? Mais presque tous ont perdu avec leur souveraineté, le sentiment de leur liberté, et par conséquent aussi la qualité d'homme ; car le fanatisme s'empara de ce que la tyrannie n'avait pas détruite ; la crainte ou la superstition bannirent la liberté et la raison.

Seuls au milieu d'un hémisphère assoupi et abruti, Français, vous êtes des hommes : seuls vous levez vos yeux vers le ciel, et foulez aux pieds les obstacles de votre carrière immortelle. Français, l'univers esclave, ce sont vos frères, votre Loi commande leur bien, leur liberté, leur moralité. Détruisez leur oppression, et rendez les à leur destinée. La liberté du genre humain est le seul but digne de vos efforts, vous êtes trop grands pour ne vous occuper que de vos propres affaires. Avec la liberté, vous avez reçu de l'énergie et du génie, pour vaincre tous les esclaves de l'Europe ameutés contre vous ; vous avez épuisé les forces de la tyrannie, encore un effort, et elle est écrasée.

C'est le devoir de chaque homme de s'opposer à l'oppression des droits de son semblable, car son droit est le sien. Si l'opprimé ne secoue pas son joug ou par faiblesse ou par pusillanimité, c'est à moi à le faire, s'il est si abruti qu'il ne sente pas son oppression, qu'il la croie juste et nécessaire ; s'il veut rester dans la servitude, c'est mon devoir de le rappeller à sa destinée, en détruisant l'oppression qui déprime les ressorts de son être. Si par perversité, et contre sa conviction, il veut rester esclave, sa volonté injuste ne peut pas m'empêcher de remplir mon devoir, de repousser une oppression, et de réduire l'exercice de la liberté dans les bornes de la justice. Si tous les peuples étaient si pervers qu'ils voulûssent l'esclavage, les Français devraient encore s'armer pour punir les oppresseurs : il s'agit de soutenir la loi de la raison, qui veut l'unité du genre. Je sais bien que l'on ne peut pas forcer un peuple d'être libre, mais on peut exciter ce sentiment, ou le préparer en éveillant sa raison, et l'on peut et doit détruire son oppression. Et quel est le peuple dans lequel le sentiment de la liberté est entièrement étouffé, quel est le peuple qui ne souhaiterait pas l'exercice de sa liberté. Hélas! presque tous font des voeux en soupirant, mais les lâches préfèrent les maux de la servitude aux dangers de l'insurrection. Ce serait cependant un blasphème de dire qu'un peuple qui n'a pas le courage de briser ses fers, mérite de les porter. Aucun peuple ne mérite d'être privé de ses droits, et l'oppression est toujours injuste.

Mais pourquoi nous arrêter à des possibilités: n'entendez-vous pas gémir dans l'Est barbare ce peuple généreux, qui avec intrépidité avait brisé ses chaînes, et qui ne succomba qu'après un combat à mort, à la supériorité du despotisme. Le sentiment de la liberté avait embrasé les ames de tous les Polonais, l'amour brûlant de la patrie avait rempli leurs coeurs. Aimable, comme l'Aphrodite de l'écume de la mer, la liberté s'élevait du milieu d'un peuple sauvage. Maintenant elle est écrasée par le monstre du despotisme, elle est le jeu de sa brutalité cruelle; les mânes sanglantes de ces héros, qui ont plutôt voulu mourir que fléchir leurs genoux, et les fers de ce peuple généreux crient vengeance et secours.

Que de politiques abjects, à ce spectacle touchant, auront encore assez d'impudence pour répéter le mensonge hypocrite que la France n'a pas le droit de s'immiscer dans les affaires des autres nations! Quel principe! La lâcheté prend le masque de la justice, et la perfidie feint de défendre la justice en l'immolant. S'ensuit-il qu'il faille respecter l'oppression qu'un autre exerce, parcequ'il faut respecter l'exercice raisonnable de sa liberté? C'est donc tout aussi bien un crime de briser les fers d'un peuple, que de lui en donner? Ces hommes justes mettront sûrement dans une classe Timoléon et Attila et Tamerlan? Ce qui ne s'entend que d'un peuple libre, du droit d'une volonté juste cela peut-il aussi s'entendre d'un gouvernement, qui existe sans la volonté du peuple, qui se fonde sur l'oppression? Ceux-ci n'ont aucun droit; ce ne sont que des actes continués d'usurpation et de brigandage, diamétralement opposés à toute justice, que chaque état comme chaque individu a le devoir de renverser aussitôt qu'il peut.

Et c'est avec de pareilles maximes, que les misérables diplomaticiens entreprennent de paralyser le zèle le plus sacré : avec ces sophismes ils veulent tromper le sentiment du peuple! Mais leur impudence est encore plus téméraire. Ils osent demander que la République Française reconnaisse les gouvernemens monarchiques, en faisant la paix avec eux. Je leur répondrai séchement que les Français doivent plutôt périr, que de faire une pareille paix. Reconnaître l'oppression, c'est déclarer qu'elle est légitime, qu'elle n'est pas contraire à mes principes; c'est donc renier mon être, et rebeller contre ma loi suprême. Je n'ai pas besoin de dire qu'il vaut mieux de faire tout au monde que cela. Aucunes circonstances ne peuvent ainsi permettre une paix pareille; mais tout aussi peu une paix en général, sous laquelle on comprend une cessation des hostilités pour toujours; puisque un peuple libre a le devoir de détruire l'oppression des tyrans. Les Français ne peuvent faire avec les rois, qu'une trève pour un temps; comme on en fait avec des brigands et des pirates, pour avoir le temps de reprendre des forces, pour pouvoir renouveller le combat et les vaincre.

La loi de l'unité, la justice commande aux Français la guerre. C'est la seule loi qu'ils ont: car les motifs de la sensualité n'en sont pas. Mais, dit-on, du moins la conservation de la vie doit être un motif suffisant. La considération de la mort ne doit pas arrêter notre devoir: l'injustice est contraire à ma loi, la mort ne lui est pas contraire. La vie n'a aucun prix que tant qu'elle est subordonnée à la moralité. Qu'est-ce que la mort? Est-elle la fin de mon être? Non? mon but est infini, mon activité est infinie, je suis éternel. Mon existence spirituelle ne peut point cesser ni se changer; car le moindre changement serait la fin de cette existence. Qu'est-ce que la mort peut donc faire? Elle peut changer ou faire cesser la nature hors de moi. Qu'importe? Pourvu que mon être, mon activité reste, la considération de ce changement ne peut pas m'intéresser : comment pourrait-elle me rendre désobéissant à la loi de mon être. Ce serait succomber à ses bornes et suivre les clameurs rebelles de la sensualité. Toutes les fois que le devoir parle, il faut risquer la vie, si l'objet de ce devoir n'est pas aussi la vie, ou quelque chose de moindre encore, quelque partie de la sensualité. S'il ne s'agit que de conserver la vie d'un autre (qui n'a pas plus de prix que la mienne), s'il ne s'agit que de contenter sa sensualité, je ne dois et n'ose pas sacrifier ma vie, puisque je perdrais, c'est-à-dire que mon existence morale perdrait plus qu'elle ne gagnerait. La loi de ma propre conservation est celle-ci : conserve ta vie, tant que tu le peus sans agir contre une loi plus suprême, tant que tu le peus en la subordonnant à ton but. Quand le devoir parle, la mort n'ose pas m'arrêter. Et si le juste périt dans l'exécution de sa loi, qui oserait-le plaindre? Qui voudrait plaindre les héros de la liberté? N'ont-ils pas succombé dans la plus noble de toutes les fonctions, dans celle de restaurateurs de la justice : le prix de leur perte retombe sur les têtes de leurs adversaires abominables ; eux, s'il est permis de le dire, ont achevé cette carrière, par le triomphe de la vertu sur la sensualité, en affrontant la mort. Qui n'a pas une fois dans les plus beaux momens de sa vie, senti le désir d'être

de

de leur nombre. C'était certes l'épitaphe la plus convenable aux héros de Thermophiles :

» Ci gissent trois cent Spartiates, fidèles aux »lois de leur patrie. »

On ne peut pas plaindre la mort du héros; on ne peut que l'admirer. Ce n'est qu'en méprisant la mort, que l'ame se trouve dans sa vraie assiète : sans l'habitude d'affronter la mort, la grandeur n'a aucun fondement solide.

Puisque la justice demande la destruction de l'oppression, au mépris de la sensualité et malgré la mort, ce devoir ne souffre aucun délai que celui de l'impuissance; aucune exception que celle de l'impossibilité. Je sais que ces principes sacrés ont été souillés par l'ignorance et le fanatisme ; que les absurdités de Clootz les ont peut-être même pu rendre ridicules et suspects, puisqu'il est sûr qu'en outrant ces principes, des perfides ont voulu mener le peuple Français dans des extrêmes, et le faire aberrer de la vérité: mais ces fausses applications ne pourraient nuire aux principes que chez les esclaves de l'habitude, qui jugent de tout d'après les faits. Le vrai enthousiasme pour le salut de l'humanité diffère bien du fanatisme d'un sot, qui croit ses idées et ses desirs déjà réalisés, et l'univers déjà perfectionné d'après son modèle; qui se nomme *orateur du genre humain*, tandis qu'il n'est qu'un comédien; qui parle de la république universelle, et de la fraternisation de tous les peuples avec les Français, comme de faits de l'histoire; et qui enfin faisait un roman de la philosophie. Cet homme n'avait reconnu ni les bornes du possible, ni même celles de la présence. La question du devoir est bien différente de celle du fait; où il s'agit de savoir ce qui est, de connaître historiquement l'état de l'homme et de la nature, l'on ne peut pas s'abandonner à ses idées; il faut se soumettre aux bornes de la présence. Le fantaste diffère du philosophe, en cela qu'il croit trouver ses idées dans la présence; tandis que l'autre reconnait qu'ils ne se trouvent que dans sa raison, mais que sa loi lui commande de les réaliser. Il connait les obstacles que cela aura, mais il sait qu'ils ont un terme, comme tout mécanisme; il sait que pour un temps ils pourront être insurmontables, mais il croit qu'il parviendra à la fin à les vaincre : et qu'importe, c'est son devoir de l'entreprendre! Il sait que la nature est opposée à son but, mais il tend à les réunir. Ainsi quand Clootz parlait des devoirs que le peuple Français avait envers le genre humain; quand il exigeait que l'on ne concentrât pas son patriotisme entre des limites géographiques, il avait bien raison : car tel ou tel état ne peut jamais être le dernier but d'un peuple, il n'est qu'un moyen pour la société générale des hommes; et les liens de l'état ne peuvent pas détacher l'homme de l'humanité. L'individu n'étant rien et l'humanité étant tout, il est égal si mon droit, ou celui d'un autre est opprimé; il faut que je le rétablisse. La

raison, dont le caractère est unité et universalité, n'existe pas dans l'individu, mais dans le
genre : et c'est celle-ci qui doit être le but,
comme la loi, de chaque individu, et de l'asso-
ciation d'individus, qu'on nomme un état. Il
avait donc bien raison de dire que partout où
l'exercice de la raison générale, qui est libre
exercice de la justice et libre modification de
la nature, ou cette raison générale elle-même,
et le sentiment de la liberté sont opprimés,
il faut les rétablir, soit pour un tel, soit pour moi,
pour mes concitoyens, ou pour les hommes en
général. Mais quand il voulait désigner l'époque
de la liberté du genre humain, ou qu'il la croyait
déjà venue, il était un fantaste ; il confondait
le fait avec le principe, et dans la question de
fait, dans celle de l'application du devoir au
fait, il ne reconnaissait pas les bornes de la
présence.

Mais comme je ne suis pas tombé dans cette
erreur, et que je ne me suis point avisé de fixer
jusqu'à cette heure le temps de la réalisation
de ces principes, et que j'ai reconnu pour l'application les bornes du possible (dont je traite-
rai plus bas), je crois être arrivé au point que,
si j'ai prouvé qu'il n'est pas impossible de ré-
veiller et d'affranchir les peuples, et que les
forces des Français suffisent contre les tyrans
pour détruire l'oppression en tout ou en partie,
j'aurai en même temps prouvé que la guerre
est leur devoir le plus sacré. Quand même il
résulterait de cette discussion historique (car

pour les principes il sont déjà établis, et il ne
s'agit que de la manière de leur application,
qui, comme chose d'expérience, n'est qu'une
question historique), qu'il serait impossible de
faire tout, du moins il faudroit faire le possible. Si le peuple souverain ne peut pas vaincre
tous les tyrans coalisés à la fois, qu'il ne fasse
la guerre qu'à quelques-uns et une trêve
avec les autres, pour pouvoir les vaincre à leur
tour. Mais souvenez-vous des paroles sublimes
de cet homme juste, qui portait la révolution
dans son coeur ; que ce sont les bornes du possible que les hommes admettent, qui font la
vraie différence entr'eux.

Généralement on peut dire qu'un peuple
libre a plus de forces, que tous les tyrans et
tous les esclaves ensemble, puisqu'il a des
forces morales qui leur manquent. Quoiqu'on
ne puisse pas bien exactement indiquer leur supériorité sur les forces physiques, il est cependant sûr qu'elle est grande ; car elles ont une
progression infinie, au lieu que celles-ci ont
leur terme et leur épuisement : aussi les forces
physiques d'après la sagesse de la nature n'at-
teignent leur plus grande hauteur que sous
la direction de la nature. La vérité, la justice,
l'énergie de la vertu, et même le génie sont
du côté de la liberté ; l'erreur et le fanatisme
combattent pour les tyrans. Mais pourront-ils
compter sur ces moyens ? Il est plus facile
qu'on ne pense de les en priver ; il faut pour
cela opposer les lumières à l'erreur, et la justice

au fanatisme. Les hommes sont tous suscep-
tibles de la vérité, à plus forte raison quand
l'intérêt animal d'un sort meilleur la seconde.
Chez des hommes qui ne sentent pas encore
la liberté de leur ame, et qui n'ont ainsi point
de principes, l'exemple fait tout; et un changement, s'il est justifié selon leurs pensées par
le succès, les mène à la réflexion, et le pas
décisif est fait. On n'a qu'à montrer aux peuples
avec persévérance la justice pour dissiper le
fanatisme; on n'a qu'à leur montrer la fierté de
leurs droits pour dissiper l'erreur. Surtout il
faut être persévérant dans ses principes et montrer aux incrédules ce grand caractère. En
unissant la prudence à la rigueur, la régéné-
ration de tous les peuples que les armes victo-
rieuses des Français atteindront, sera achevée.
Que partout ils détruisent le dernier reste de
l'oppression, qu'ils éloignent tous les oppresseurs et les ministres du fanatisme, qu'ils ne
tardent pas à établir en entier le règne de la
justice et de la liberté : quel serait le peuple qui
ne la souhaiterait pas, quand il croira qu'il
peut l'avoir sans danger ? Et s'ils trouvaient
un peuple dans lequel il ne pourraient pas exciter le sentiment de sa liberté, ils auraient le
devoir de lui donner un gouvernement provi-
soire et de nature à exciter ce sentiment et à préparer son exercice : ils auraient le devoir de lui
refuser un gouvernement qui les menerait à
l'abrutissement ; car l'homme n'a pas le droit
de s'imposer un joug, et d'agir contrairement

B 3

à la condition de sa moralité, à sa liberté.

Mais, dit-on, il s'agit de vaincre les peuples avant de pouvoir les réformer : mais cette réforme est un moyen de victoire. Dans les guerres que l'histoire nous offre, où d'un côté il y avait la résistance d'un principe, de l'autre l'oppression d'un préjugé, ou quelquefois même simplement d'une force physique, on a vu rarement succomber le premier parti, surtout si c'était la liberté pour laquelle il s'était armé; puisque sentant que tout prix y est attaché, il développe toute son énergie et toutes ses facultés pour la défendre. Quels exploits égalent ceux de Rome et de Sparte? Et dans les pages ennuyantes de l'histoire moderne, rien ne nous intéresse que les guerres civiles des Bataves, des Anglais, et les guerres religieuses des Protestans. Mais cette maxime n'a-t-elle pas reçu l'évidence la plus imposante, de l'histoire de nos temps? Dans cette guerre à jamais sans pareille, où le génie de l'humanité a élevé son vol vers le ciel, n'a-t-on pas vu les Français, qui n'avaient de salut que dans leur énergie, abattre tous les tyrans et tous les esclaves.

Avec l'énergie du talent et du caractère, les Français victorieux par l'expérience qu'ils ont faite, ont réuni toute la supériorité de l'art, toute l'abondance de toute sorte de moyens et surtout la terreur de leurs armes : et c'est dans ce moment qu'ils s'arrêtent. C'est quand il leur reste le dernier pas à faire, pour écraser leurs ennemis. Et, hélas ! ce n'est pas leur épuisement, c'est la faiblesse de leurs Représentans qui en est la cause. La France a un million des meilleurs guerriers de l'Europe, conduits par des généraux aussi habiles qu'ils sont redoutés, pourvus de la meilleure artillerie, des meilleurs ingénieurs de l'Europe. Elle a la provision des parties les plus riches de l'Europe; la conquête de la plus grande partie des forteresses, on pourrait dire, du monde; la gloire de cent victoires; et, ce qui est plus, la justice de sa cause, le secours de la raison et du génie qui n'existe que pour la vérité, et toute l'énergie que peut donner la vertu. Les tyrans, couverts de honte et de défaites, ne trouvent nulle part des moyens suffisans pour réparer leur perte. Leurs armées, ces machines artificielles de la tactique, sont ruinées. L'indiscipline, la méfiance, la trahison règnent dans leur parti. Ils se déchirent mutuellement par des soupçons et des perfidies. Le désespoir a déchiré l'union des scélérats; chacun pense à se sauver par la ruine de l'autre, du naufrage commun. Les talens et la prudence quittent leur parti, et même les ennemis de la vérité se rangent du côté de la victoire. Leurs trésors sont épuisés, et ils n'osent pas faire de nouveaux impôts. Leurs frontières n'offrent plus ni des forteresses, ni des fleuves pour retarder l'entrée rapide de leurs vainqueurs. Privés de toute ressource, dans la confussion du désespoir, ils employent des moyens révolutionnaires, et, pour avoir un secours précaire, ils préparent leur ruine infaillible. Tous les liens de ces états dénaturés commencent à se relâcher, et leur mécanisme artificiel est détruit par l'ébranlement des passions. Leurs esclaves murmurent et n'attendent qu'une secousse pour se révolter. Les ressorts du fanatisme sont usés et les préjugés ne peuvent plus arrêter la réflexion. Les tyrans sentent que le moment destructeur avance. Ils voient en tremblant que leurs esclaves commencent à distinguer leur intérêt du leur, à admirer la liberté et la vertu : et en sentant tous les désastres de la défaite, ils ne trouvent aucune ressource.

Et c'est dans cet état d'agonie que le despotisme, prétend-t-on, pourrait résister au torrent rapide de la liberté, de la justice triomphante, à cette masse énorme de forces animées d'une énergie sacrée, et guidées par le génie et des principes éternels ! Qui pourrait avoir une imagination si timide, pour ne pas prévoir que les drapeaux de la victoire flotteront entre ceux de la liberté; surtout si elle ne combat pas à la fois tous ses ennemis?

Et quels nouveaux moyens ne restent pas aux Français ? Leurs forces s'augmenteront dans le combat. Les forces morales, qui n'existent que dans leur usage, puisqu'elles sont indépendantes, en reçoivent une augmentation infinie, de même les forces physiques s'augmentent jusqu'à un certain point par leur exercice. L'on peut aussi produire de plus grands effets, en distribuant avantageusement leur usage, et en le concentrant sur un certain objet, quand il s'agit d'y faire le possible. Ainsi Sparte n'avait ni commerce, ni industrie, Sparte n'avait que des guerriers. Mais quel moyen plus sûr d'augmenter sa puissance, et de réussir dans de pareils desseins, que de rendre notre volonté indépendante de la partie animale, et de délivrer notre ame des entraves des besoins. Pour agir, l'on n'a besoin que de vivre : toutes les autres clameurs de la sensualité ne sont pas des besoins ; elles ne sont que des obstacles de notre activité, puisqu'elles l'occupent et qu'elles font prévaloir notre animalité. Pour conserver l'indépendance de son ame, il faut les supprimer toutes.

Cette abstinence héroïque pour avoir plus d'activité et d'énergie, pour détruire l'oppression de la liberté générale, est le seul état digne des Français : et dans ce sens il est vrai que du fer et du pain sont leurs seuls besoins. Il vous faudra sacrifier la volupté, l'aisance, le repos pour avoir la force de vaincre. Comment pourriez - vous affronter la mort, cette destruction de la sensualité, si par son habitude vous y mettez un prix exorbitant : comment suivre en dépit de ses clameurs votre devoir ? Si le devoir exige la guerre, parcontre la sensualité demande la paix : car la paix amène l'industrie, le commerce, l'abondance, les richesses, l'aisance, le repos, les plaisirs, les fêtes, la volupté ; la guerre amène l'égence, les fatigues, les périls, le deuil, les allarmes, la douleur, les dangers, la mort, les privations : des hommes chez lesquels l'animalité prévaut, n'hésiteront pas, ils préféreront la paix ; puisque la justice n'entre en rien dans leur compte prudent. Et ce sont ces maximes honteuses qu'ils osent nommer des raisons d'état, c'est l'abrutissement d'un peuple qu'ils osent nommer son bonheur ! Quel spectacle désolant pour une ame sensible et éclairée, que de voir des nuages épais couvrir l'aube de la liberté ! Le peuple Français 's'était élancé dans la lice de la grandeur, il voulait sacrifier son repos pour délivrer ses frères, et des lâches criminels entreprennent d'attiédir son ardeur, en excitant son égoïsme, et de corrompre sa raison pour détruire sa vertu. Que signifient ces belles paroles : » Le salut du peuple exige la paix : il faut qu'il goûte le repos, le fruit de ses victoires ?» Ah ! quel autre salut est-il que la justice ? quel autre fruit des victoires, que l'augmentation de forces, pour en remporter de nouvelles. Bonheur et repos sont des mots d'esclaves qui ne sentent pas la vocation de l'humanité. Ce ne sont que les tyrans qui ont parlé de bonheur et de repos, puisque pour affermir leur pouvoir dénaturé, ils devaient changer la nature de l'homme. Pour le bonheur, il ne se trouve que dans le développement de ses forces et dans l'exercice de la justice. C'est la destinée générale de l'humanité de combattre le vice, l'oppression et la nature irraisonnable ; d'être dans un combat perpétuel, où on n'ose s'arrêter que pour prendre haleine.

Le peuple Français pourrait-il ne pas se trouver heureux, en accomplissant, le premier, cette destinée sublime. Je crois parler à des ames nobles et généreuses, qui veulent quelque chose de mieux que la crapule de la présence. Quand on parle à votre individu, c'est pour détruire votre vertu, en corrompant votre raison. C'est plus que trahison à la cause publique ; c'est faire rétrograder la marche majestueuse et géniale de la révolution, que de parler de son intérêt à un peuple qui veut la vertu, et d'exciter la voix de l'égoïsme au milieu de la générosité. Auprès d'une nation, comme auprès d'un individu, ils sont rares les momens où elle s'élève au-dessus de son intérêt, pour l'intérêt universel : ce sont des élans précieux, qui ne sont que la première fois assez vifs pour parvenir de l'égoïsme à la vertu, de la bassesse à la grandeur.

Mais, dira-t-on, cette abjuration cynique de toute sensualité, de tous les besoins hors les nécessaires, nous privera des beaux arts, de l'industrie et du commerce : cette activité continuelle, ces guerres, ce mépris de la mort rendra le caractère du peuple féroce ; les Français deviendront des Sans-culottes vandales. Ah ! quelle différence de renoncer à cultiver la sensualité par vertu, et de ne pas le faire par barbarie ! Quelle différence entre la simplicité du sauvage, et celle du vertueux, qui est le seul moyen que nous avons pour vaincre notre propre faiblesse. Ces philosophes doucereux craignent donc sérieusement que nous ne revenions à la férocité, que de Spartiates nous ne devenions des Scythes. Certes, les siècles passés ont donné tant d'énergie, tant d'indépendance de l'animalité au genre humain, que nous avons à craindre l'extrême de la vigueur ! Ces esprits faibles ne considèrent pas que c'est du sein de la vertu et du désintéressement, qui élève l'homme au-dessus de ce qui l'entoure, que sortent les mœurs douces et les sentimens élevés. En vain un peuple plongé dans le repos et la mollesse cherchera-t-il les arts : le modèle du beau n'est que dans une ame grande et pure. Ce n'est que dans l'activité que toutes les facultés de l'homme se développent. Les Muses n'habitent qu'avec la liberté impatiente : et c'est surtout dans ses combats, dans ses victoires et ses triomphes qu'elles la suivent. C'était un peuple couvert de lauriers et de blessures, qui assistait aux jeux Olympiques, et qui écoutait les hymnes de Pindare: et c'était dans le trouble des guerres du Péloponèse qu'étaient les beaux temps de la Grèce. Qui a produit un caractère national plus grand, la paix des Chinois ou la guerre des Romains, le commerce de Carthage ou la pauvreté de Sparte? Qui a le plus avancé les arts, les troubles de la Grèce et de l'Italie, ou le repos des Sybarites et l'industrie des Hollandais? Dans les républiques l'homme a repris en partie son naturel : elles ont préféré les troubles et la guerre à un repos lâche et criminel, et elles n'ont pas craint de devenir féroces, tant qu'elles restaient fidèles à la liberté et à la générosité. Il n'y a que ceux qui veulent la guerre pour l'amour de la guerre, ou d'un intérêt animal, qu'elle rendé féroces. Qui pourrait craindre qu'un peuple, qui se trouve au sommet de la vertu devienne féroce, et que les idées belles et sublimes et les sentimens vraiment humains quittent les ames les plus généreuses? Ce n'est qu'en ayant de l'énergie, du caractère, et en délivrant sa raison des chaînes du besoin et de l'égoïsme, qu'on peut acquérir en même temps l'amour du bon, du sublime et du beau.

Quant à ceux qui exigent que les Français ne fassent pas la guerre, pour l'amour de l'industrie et du commerce, je ne répons qu'à regret à leurs vues bornées et à leur profonde bassesse. Pourvu que l'industrie reste, qui produit les besoins nécessaires, qu'importe que l'industrie cesse, qui est occupée des besoins de la paix, du luxe et de la mollesse. Périsse une telle industrie, qui est indigne de l'homme. Pourvu que le commerce reste, qui se borne à acquérir les besoins nécessaires aux Français, et qu'ils n'ont pas, en donnant leurs produits superflus, tout autre commerce est inutile, et ainsi contraire à la loi de l'homme. A quoi sert l'importation de besoins qui ne sont pas nécessaires? A affaiblir l'homme. A quoi sert le cabotage? peut-être pour s'enrichir. Mais qu'importe

d'être riche, pourvu qu'on vive. Tout ce sys=
tème absurde s'écroulerait, si l'on voulait ap-
pliquer les lois de la raison. Et un tel cabotage
ne peut avoir lieu, que tant que les autres
peuples manquent d'activité. S'occuper du
commerce plus que ce n'est nécessaire, ainsi
qu'on le fait de nos temps, où l'on fait faire
aux marchandises mille détours, et où on les
fait passer par trente six mille mains, ne tend
qu'à mettre l'homme dans une activité puérile
et à exciter l'égoïsme et la passion la plus ab-
jecte, celle du gain et de la tromperie. Car
quel autre but peut on avoir? Si l'on n'en a
aucun, tant pis. Par le commerce les hommes
sont tellement hors de leur carrière naturelle,
qu'ils font pour but de leur activité, non pas
même le contentement de leur sensualité, mais
un moyen subalterne de ce but misérable; car
le commerce n'est pas une jouissance sensuelle.
L'activité d'un peuple commerçant court donc
dans un cercle entièrement vicieux, qui ne
lui permet aucune progression. Aussi les peuples
commerçans ont été les plus misérables de
tous. Des anciens temps, il n'y avait aucun
peuple de conséquence entièrement commerçant. Tyr était un petit état et Carthage s'oc-
cupait en même temps de la guerre. Des
peuples modernes, je n'ai qu'à citer les Grecs,
les Italiens, les Hollandais et les Anglais, pour
prouver la mauvaise influence du commerce,
qui a aussi pu corrompre et avilir des peuples
libres. De nos temps c'est le principe de tous les

états de faire fleurir le commerce : celui-ci porte
bien les caractères de notre siècle, l'égoïsme
et la faiblesse. Il dirige l'activité de l'homme
vers sa sensualité, et ne lui laisse que le champ
le plus borné, le plus tranquille, qui n'exige
aucune énergie. C'est aussi pour cela que la
politique est liée intimément au commerce : le
despotisme ne se croyait sûr, qu'en faisant des
hommes, des pygmées égoïstes qui courrent
régulièrement et sans passion une carrière
monotone et circulaire qui ne leur permette
aucune progression. S'il était possible de changer la nature de l'homme, de le rendre
entièrement méchant et borné, ce serait par
le commerce. Et c'est cependant le commerce
qu'on veut faire valoir contre les principes sacrés de la justice. Il est touchant de voir ces
ames vulgaires épancher leurs coeurs à l'espérance de voir la fin de la révolution, dans le
règne de l'industrie et du commerce. Comme
dans la fable de la montagne, selon eux,
toute la révolution ne devrait aboutir qu'à une
platitude, à une spéculation de commerce.
Les plus grands exploits de l'histoire n'auraient
été faits que pour donner un essort à l'industrie; et les martyrs du plus noble enthousiasme
ne seraient tombés que pour remplir les caisses
des marchands. Mais quittons ces maximes dégoûtantes qui aigrissent le sentiment et gâtent
l'imagination.

Je trouve que pour initier un peuple dans
sa destinée, en lui faisant soumettre sa sensua-

lité entièrement à sa raison, et en excitant en lui le plus haut degré possible d'énergie, que les maximes de la révolution, qu'on nommait le sans-culottisme, contenaient beaucoup de bon et qu'on a eu tort de les abandonner en entier.

Le caractère de grandeur, et la direction vers le bien public, qu'on avait donné à l'industrie, le mépris des richesses et de la vanité, l'annullation du luxe et de l'aisance, la gloire de la simplicité sont sûrement les moyens les plus efficaces pour exciter l'énergie des Français, qui leur est principalement nécessaire, puisqu'ils avaient été plongés par l'esclavage et l'exemple de la corruption dans la frivolité. Je sais que ces maximes ont été prônées par les Jacobins, et que ce parti est odieux au peuple. Je partage ces sentimens : j'ai en exécration cette époque malheureuse où l'on avait tourné les ressorts d'un gouvernement populaire contre le peuple, où l'on voulut corrompre sa vertu, en le privant de ses plus douces et plus justes espérances, et son esprit par la confusion et l'ambiguité des principes : où la convention, le coeur de la nation, ne paraissait qu'un champ dévasté par une hyène, où tout est mort, ou feint de l'être. J'abhorre l'idée d'un état révolutionnaire, où l'abandon de la justice et des principes pour la nécessité est érigé en principe avec une audace scélérate ; comme si nous recevions nos lois de notre sort, et les principes des circonstances ; et c'est cet abandon des principes qui a été la source de tous les maux
que

que ce système a fait à la France, et qui a fait perdre le fruit des maximes justes et avantageuses du sans-culottisme. Je reconnais la justice de la défiance et de l'indignation du peuple Français envers ces traîtres, qui sur la popularité même ont fondé l'oppression : mais je ne crois pas que la passion aveuglera une nation si éclairée, au point de lui faire quitter les bons principes que ce parti avait : le généreux sacrifice de tous les biens sensuels, le dédain du repos et de la mollesse, et la simplicité des mœurs. Et certes, il faut que les bons principes des Jacobins aient été excellens, puisque ce n'était que par leur profession qu'ils ont ébloui le peuple, jusqu'à lui faire oublier leur tyrannie, et lui cacher leurs vûes ambitieuses. Généralement, c'est un point de vue fertile de l'histoire, de chercher la vérité au sein de l'erreur, et de considérer ce qu'un mauvais parti pouvait avoir eu de bon et de salutaire. En considérant un principe, pour approfondir sa vérité, il faut abstraire de toutes les circonstances qui l'ont accompagné, puisque, comme principe, ne se fondant que sur la raison, il est indépendant de l'expérience.

Ce serait bien triste, ce serait pitoyable, si le peuple Français ne considérait la vérité que sous des points de vue particuliers, et défigurée par le sophisme d'un parti ambitieux ; si, avec chaque parti, il changeait aussi de principes. A Dieu ne plaise ! la révolution n'est pas la roue d'Ixion; on ne la verra pas, ne pouvant point s'élever au delà d'un parti, avec sa chûte retomber à l'ancien point. Sa marche doit être continue et progressive, comme celle de la raison. Aussi le sera-t-elle, car elle n'est pas l'œuvre des passions, mais de la raison : elle est dirigée par l'opinion du peuple, qui, voulant toujours la vérité, s'élevera insensiblement du sentiment de la vérité à la claire conviction, et qui montera toujours à des vérités plus générales. Un peuple libre peut bien quelquefois négliger sa destinée, mais jamais il l'oublie entièrement. Mais pour s'assurer de cette marche majestueuse, il faut que le peuple ne s'arrête plus aux circonstances, mais qu'il embrasse les principes ; qu'il s'arrache des individualités, et que de grands intérêts l'occupent. Si l'on peut parvenir à les exciter, les petites factions disparaîtront, et l'on ne verra plus le génie de la nation dans une stagnation pestilentielle.

Quel intérêt peut être plus grand, que celui du bien universel, de la justice universelle? Quelle vertu plus grande que de sacrifier tout, même sa vie, au devoir le plus doux, celui de délivrer ses frères. Français ! tout ce qui est divin dans vous exige la guerre, vous avez les moyens de la faire. Vous n'avez donc qu'à opter entre la divinité de votre nature et son animalité.

Si je parlais à un peuple lâche, je n'aimerais pas lui parler de son devoir qui exige tous les sacrifices : mais je parle à un peuple couronné de plus de victoires qu'aucun peuple du monde; je parle aux vainqueurs de cent batailles, aux athlètes de l'humanité. Ce serait infâme de parler à ce peuple, comme un vil diplomatique, de politique et de raisons d'état : il faut lui parler de justice, de son devoir envers l'humanité, et en prédésignant le but le plus sublime à ses généreux efforts, l'élever, pour ainsi dire, au-delà des bornes du possible, et lui mettre une couronne immortelle.

Honte et opprobre sur vous, Représentans du peuple, si vous n'osez pas suivre l'ébranlement du génie de la nation, si vous balancez à profiter de cette heureuse crise des Français entre la médiocrité et la grandeur. Vous qui devez diriger l'opinion, vous, qui par vos lois et votre exemple, devez élever la vertu et l'énergie du peuple, vous seriez au-dessous de son caractère, inférieurs aux circonstances ! Vous n'oseriez pas ce que le devoir envers l'humanité exige, ce dont la réussite est assurée par la vigueur de la marche de la révolution, et par le désintéressement public. Vous, Représentans des vainqueurs de tous les tyrans et de tous les esclaves, des héros de l'histoire, en tremblant vous souhaiteriez la paix, quand la justice exige la guerre. Ah ! si le règne de la terreur a éteint le feu de la vertu dans votre coeur, si le sceptre de fer de votre tyran a écrasé les ressorts du génie, quittez vos sièges deshonorés, pour faire place à de plus dignes : ou bien tremblez devant le tribunal implacable de la postérité, même de vos contemporains, qui auront bientôt devancé votre marche rampante. Car sachez que même dans les fers de la servitude il y a des ames assez fières pour affronter aussi bien votre colère que la rage stupide des tyrans. C'est la cause la plus importante à l'humanité, que vous profitiez du moment qui ne reviendra plus dans l'histoire; du moment où le premier peuple de l'Europe se réveille, où il se sent le plus d'énergie, où il est assuré de vaincre tous les obstacles, puisqu'il a vaincu le plus grand. Il s'est élancé dans sa carrière avec le feu de la jeunesse, et la constance et le génie de la virilité; il sent sa destinée, et il s'en approche rapidement. Mais s'il devait s'arrêter, si son courage pouvait succomber aux obstacles, c'en est fait de sa grandeur et de sa vertu. Il n'y a point de moyen terme entre la persévérance et l'abandon des principes, entre la vertu et la lâcheté. Parvenue au point où l'on sent entièrement sa destinée, ou on la poursuit et l'on s'élève rapidement, ou on la quitte et l'on tombe plus profondément qu'on n'était avant, puisqu'il ne reste aucun nouveau salut. Français, sur la hauteur épouvantable où vous vous trouvez, vous n'avez qu'à lever vos yeux vers le ciel, pour y lire votre destinée, et qu'à continuer rapidement votre marche, pour élargir par le spectacle de votre grandeur, les limites de l'imagination humaine : mais si vous vous arrêtez par lâcheté, si vous fixez timidément vos regards sur les obstacles qui vous restent et dans l'abyme qui vous entoure, vous tomberez comme par vertige; et avec vous l'humanité, dont vous êtes l'espoir, rentre pour des siècles dans le néant stupide de ses bornes. Qui de vous ne conçoit pas la hauteur de sa destinée. qui ne sent pas son ame brûlante de franchir tous les obstacles, et tout son être redoubler d'action, quand il pense que la fortune de l'univers dépend de lui, celui-ci n'a ni sensibilité ni génie, il est pire que les esclaves; car il sait la loi de son être, il a entendu la voix de la grandeur, et il n'en a pas été ému.

Français, j'ai satisfait au besoin impérieux de mon coeur, je vous ai dit ma conviction la plus intime; je n'ai pas voulu plaire, je n'ai voulu que convaincre. Je crois l'avoir fait, en prouvant que ces principes sont inséparables du sentiment de l'être ou de la nature de l'homme : il n'y a point de preuve plus forte.